MISSION SÜLTZ BÜCHER

Projekte Querschnitt

BoD ermöglicht:

... immer druckfrisch nach Bestellung - immer die aktuelle Version - immer lieferbar ...

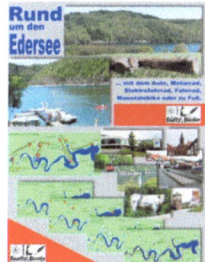 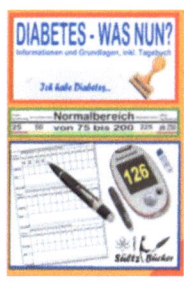   

BoD - Books on Demand

Norderstedt, Germany 2019

Bibliografische Information durch die Deutsche Nationalbibliothek

Die Deutsche Nationalbibliothek verzeichnet diese Publikation in der Deutschen Nationalbibliografie; detaillierte bibliografische Daten sind im Internet über http://dnb.dnb.de abrufbar.

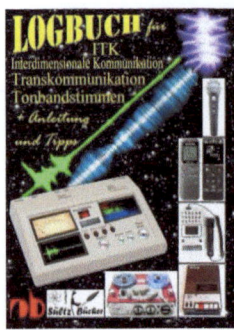
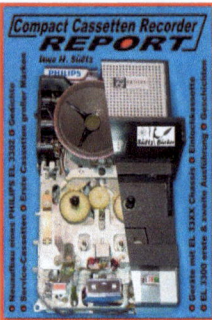

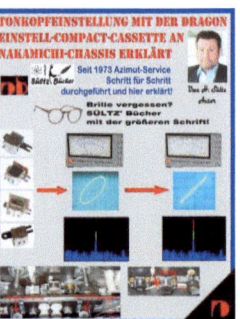

© 2019 Renate Sültz & Uwe H. Sültz

Herstellung und Verlag: BoD – Books on Demand, Norderstedt, Germany

ISBN 9-78373-8-64438-8

Liebe Leser,

seit 1973 ist der Name SÜLTZ eine Marke. Es begann mit SÜLTZ ELEKTRONIK. Die erste private Satelliten-Empfangsanlage wurde in Lünen hergestellt. Wir haben das erste RTL-Programm empfangen, auch das Russische Fernsehen. Dafür erhielten wir eine Lizenz. In unserer Werkstatt wurden die ersten NAKAMICHI Cassetten-Recorder, ELAC CD 400, eingestellt.

1993 kam unsere KFO-Praxis dazu. Bis 2012 wurden Städteportraits für CENTER TV hergestellt und veröffentlicht. Es hat sich so viel an Material angesammelt, dass folglich SÜLTZ BÜCHER geboren wurde. Ob die Wiedergeburt der Compact Cassette, die welterste Cassette, die nie veröffentlichte Einloch-Kassette, Tonkopfeinstellungen, Tankhefte, KFZ-Checklisten, Gesundheitstagebücher, Protokollbücher, etwas über Diabetes, über den Tod, über den Weltraum und natürlich Kinderbücher, Lernbücher, Kochbücher, Gedichtebücher, Kurzgeschichten aus allen Bereichen, Urlaubsbücher, und so weiter, und so weiter! Mit diesem kleinen Querschnittbuch möchten wir SÜLTZ BÜCHER vorstellen. Vielleicht finden Sie ja ebenfalls gefallen an uns. Erhältlich sind SÜLTZ BÜCHER bei AMAZON, HUGENDUBEL, BUECHER.DE, BECK-SHOP, MAYERSCHE.DE, THALIA, LEHMANNS, DEUTSCHER-APHOTEKER-VERLAG … bei Ebay und natürlich bei BoD. Ein Wort zu Bod: BoD, Books on Demand, druckt Bücher bei Bestellung. Der Druck und die Lieferung sind sehr schnell. Der Vorteil ist es natürlich, dass der Leser immer druckfrische Bücher erhält, zudem wird immer die neuste Version ausgeliefert. Bücher sind aus allen Jahrgängen lieferbar. Auf den BoD-Servern liegen inzwischen mehr als 3,6 Mio. Titel und können bei Bedarf jederzeit gedruckt werden, das war

2016. Wie gesagt, dieses Büchlein zeigt nur einen Querschnitt unserer Bücher. Im Internet ist alles zu finden, bitte googlen! Danke für Ihr Interesse, viel Freude beim Lesen

Renate und Uwe H. Sültz

Unseren Dank an … BoD, Dr. Jutta Sültz, Ärztin, Jochen Hennig, General a.D., Wilhelm Vahland, Stud.Dir., Wolfgang Kolrep, Sylt Experte, Josef Wardenga, Experte Ruhrgebiet, Kommissar Hans Schemberg, Heinz Sültz, Fernseh-Techniker-Meister, sowie Andre Zalbertus, Fernsehjournalist und Buchautor, ehem. CENTER TV.

Übrigens Bücherhocker gibt es bei Ebay hier: www_oriental-galerie_de

Reisen

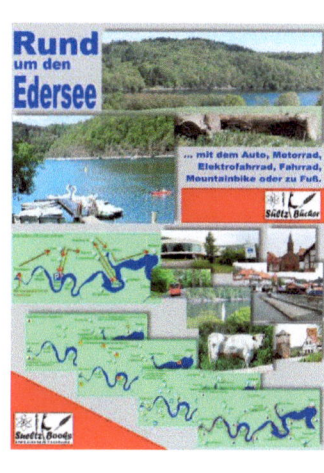

Rund um den Edersee... mit dem Auto, Motorrad, Elektrofahrrad, Fahrrad, Mountainbike oder zu Fuß

ISBN-13: 9783744802376

In diesem Buch möchten wir dem Leser die Schönheit der Natur und die Vielfältigkeit der Erholungsangebote näher bringen.

Dieses Buch ist zwar eher für Motorradfahrer und Autofahrer, ob Cabrio oder SUV, gedacht, aber auch für Wanderer, Fahrradfahrer, Bootfahrer, Schwimmer...

Informationen gibt es für alle!

Bei Ihrer Fahrt mit dem PKW oder Motorrad, rund um den Edersee, sehen Sie genau die abgebildeten Bilder. So lässt sich eine Fahrt besser planen und die z.T. markanten Bilder haben einen Wiedererkennungswert. Natürlich wird auch auf Sehenswürdigkeiten, Parkplätze, Busverbindungen, Wanderwege, Erlebniseinrichtungen und mehr eingegangen.

SYLT – Inselgeheimnisse

ISBN-13: 9783746025780

Die Insel Sylt ist immer eine Reise wert. Ob Norden, Süden, Westen, Osten oder die Mitte, überall ist es schön. Natur und Luft sind wunderbar. Und die Versorgung an Lebensmitteln und anderen Waren ist so wie auf dem Festland.

Aber es gibt auch Insel-Geheimnisse. Zumindest sind es heute Geheimnisse... früher kannten diese Geschichten alle Sylter. Mit der Zeit wurden sie vergessen und so wie es aussieht, werden sie in Zukunft vergessen werden, denn die Insel verändert sich ständig. Sylt wird moderner. Hauptsache das "Moin" bleibt der Insel erhalten. Übrigens nur "Moin", nicht "Moin, Moin". Ich wünsche von Herzen, dass jeder Sylt genießen kann, denn wir alle sind "herzlich willkommen!"

Der kleine Sylt Report

Teil 1 ISBN-13: 9783739225593

Teil 2 ISBN-13: 9783741239953

Teil 4 ISBN-13: 9783744822251

Teil 5 Ewiger Kalender ISBN-13: 9783749467297

SYLT - Eine Insel zum Träumen. Ob Frühling, Sommer, Herbst oder Winter… Sylt ist immer eine Reise wert. DER KLEINE SYLT REPORT ist eine Buchreihe mit immer wechselnden Themen zu erschwinglichen Preisen.

Sylt ohne Worte

Ein kleiner Bildband mit Bildern, die einen hohen Wiedererkennungswert haben

ISBN-13: 9783739230863

„Moin" … Eigentlich sollte dieser Bildband ganz ohne geschriebene Worte auskommen, denn die Bilder haben einen hohen Wiedererkennungswert. Es sollte für Sylt-Freunde sein, die genau wissen, wo jedes Bild abgelichtet wurde… vielleicht aber auch nur ihre Kamera vergessen haben oder der Akku war leer. Dieses Buch ist aber auch für all diejenigen, die Sylt noch kennenlernen wollen.

Sylter-Kurzgeschichten für Eilige

Kurzgeschichten, Bilder und Insel-Infos

ISBN-13: 9783739241197

Sie liegen am Strand bei herrlichem Sonnenschein? Oder fahren gerade mit der Bahn auf die Insel? Vielleicht regnet es auch gerade und Sie sitzen bei einem warmen Tee in der Ferienwohnung? Dann lesen Sie doch diese Sylter-Kurzgeschichten. Kurzweilig geschrieben mit S/W-Bildern, sowie Inselinformationen über die Sylter Inselbahn und die Straße der Höflichkeit.

Den Sportboothafen Marina Rünthe mit dem Rollstuhl erleben

ISBN-13: 9783741261893

Marina Rünthe mit dem Rollstuhl erleben

Der Sportboothafen ist immer eine Reise wert. Einfach einmal die Ruhe genießen, an einer Ausflugsfahrt teilnehmen oder aber die Hafenfeste besuchen. Jeder so, wie er mag. Wer ein Sportboot besitzt, wird nichts vermissen. Ob Tankstelle, Waschgelegenheit, Reparaturmöglichkeit, Hotel oder Gastronomie... alles ist vorhanden. Für Besucher ist die herrliche Atmosphäre, die Cafés und die Gastronomie erwähnenswert. Übernachtungsmöglichkeiten bieten Hotels, wer mit dem Wohnmobil anreisen möchte, findet hier einen sehr gepflegten Stellplatz im Wohnmobilhafen. 18 Stellplätze mit Stromanschlüssen, Frischwasserversorgung und Abwasserentsorgung sind zu finden.

Von der Werner Straße (233) fahren Sie in den Hafenweg, gegenüber geht es in die Rünther Straße. Dort finden Sie alles (Sparkasse, Bäcker, Apotheke, Ärzte, Metzger, Einkaufsmöglichkeiten...). Sind Sie in den Hafenweg eigebogen, geht es nach knapp 300 Metern rechts auf den Kreisverkehr zu. Auf dem Kreisverkehr sofort wieder rechts auf den Behindertenparkplatz. Links vor dem Kreisverkehr/Wendeplatz kommen Sie zum Infostand und zum Wohnmobilhafen.

Sylt - mit dem Rollstuhl erleben - "Moin und herzlich willkommen!"

Informationen und Bilder nach dem Ampel-Prinzip

ISBN-13: 9783741295225

Dieses Fotobuch ist auch für Gehbehinderte und gesunde Menschen. Es zeigt die herrlichen Seiten der Insel, auch eigene Notizen lassen sich notieren. Viel wurde auf der Insel investiert. Es hat sich gelohnt. Nach meiner Meinung kann man Sylt richtig gut mit dem Rollstuhl erleben. In diesem Buch soll mit Hilfe des Ampelsystems (rot, gelb, grün) auf den Bildern gezeigt werden, ob das Ziel mit dem Rollstuhl erreicht werden kann. Die Ampeln gelten für Rollstuhlfahrer, es wird aber darauf hingewiesen, wenn etwas mit anderen Gehilfen erreichbar ist. Außerdem gibt es eine Auflistung an Behindertentoiletten, Behindertenparkplätze und andere wichtige Infos.

Mit Handicap Sylt erleben! Ob Westerland, List, Hörnum, Keitum & Co. ... Sylt ist immer eine Reise wert!

Informationen und Bilder nach dem Ampel-Prinzip

ISBN-13: 9783752823042

In diesem Buch soll mit Hilfe des Ampelsystems (rot, gelb, grün) auf den Bildern gezeigt werden, ob das Ziel mit dem Rollstuhl erreicht werden kann. Die Ampeln gelten für Rollstuhlfahrer, es wird aber darauf hingewiesen, wenn etwas mit anderen Gehhilfen erreichbar ist. Außerdem gibt es eine Auflistung an Behindertentoiletten, Behindertenparkplätze und andere wichtige Infos. Die Bilder entstanden über Jahre hinweg, bei Veränderungen wurden sie aktualisiert. Alle Informationen der Bürgerbüros sind Stand 2016/18. Die Farbe der Rollstuhl-Buttons wurde gut überlegt.

Sültz auf Sylt - 25 Jahre - Goldedition-
Bildband mit 628 Seiten in Brillantdruck
auf 200g Hochglanzpapier

ISBN-13: 9783748148234

Die Insel Sylt ist immer eine Reise wert. Ob
Norden, Süden, Westen, Osten oder die
Mitte, überall ist es schön. Natur und Luft
sind wunderbar. Und die Versorgung an
Lebensmitteln und anderen Waren ist so

wie auf dem Festland. Das war nicht immer so. Zu meinen Anfängen gab es nur wenige
Lebensmittelgeschäfte. Es lohnte da schon, dass man sein Auto bis unters Dach auf dem
Festland vollpackte und die Shuttle-Gebühr bezahlte. Heute sind alle Lebensmittel-
Geschäfte auf der Insel zu finden. Als ich noch Touren auf der Insel organisierte, konnte ich
nur wenige Geschäfte aufzählen, aber natürlich den Markt in Westerland empfehlen. Wir
genossen früher die Insel pur. Es war von List bis Hörnum wenig gepflastert, das Auto stand
da, wo es eben ging. Heute ist alles wunderbar angelegt und organisiert. Viel wurde auf der
Insel investiert. Es hat sich gelohnt. Die Bilder entstanden über Jahre hinweg, bei
Veränderungen wurden sie aktualisiert. Ich wünsche von Herzen, dass jeder Sylt genießen
kann, denn wir alle sind "herzlich willkommen!" Moin auf Sylt!

Sylt - Mein Urlaubstagebuch

ISBN-13: 9783739239071

SYLT - Diese herrliche Insel ist immer eine Reise wert. Inseleindrücke nehmen wir als selbst
geschossene Digitalbilder oder Postkarten mit. In diesem kleinen Tagebuch können nun
noch die Erlebnisse beschrieben werden. Zahlreiche S/W-Bilder vervollständigen dieses
Büchlein.   Für kleine und große Urlauber, die ihre Erlebnisse notieren möchten.

Kinderbücher

Fitus, der Sylter Strandkobold

Das kunterbunte Fitus Buch - weitere Geschichten und Sylt-Bilder mit Fitus

ISBN-13: 9783739247588

Fitus hilft allen Kindern und Tieren auf der Insel Sylt, die in Not geraten. Er wird von den Kindern gesehen, aber nicht von den Erwachsenen. Die Abenteuer, die Fitus mit den Kindern erlebt, spielen an den für Sylt typischen Orten. Dazu sind kindgerechte Informationen über die Insel Sylt mit eingebracht. Alle Bilder sind in Farbe und zeigen Fitus an leicht wiederzuerkennenden Orten der Insel Sylt.

Fitus, der Sylter Strandkobold

Gute-Nacht-Geschichten

ISBN-13: 9783739220017

In diesem Buch werden Gute-Nacht-Geschichten erzählt. Kindgerechte Informationen über die Insel ergänzen die Geschichten. Für Leser oder zum Vorlesen.

Ferien auf Sylt mit Schweinchen Klecks und Fitus, dem Sylter Strandkobold

Viele Geschichten, reichhaltig bunt bebildert, Inselinformationen, ab 7

ISBN-13: 9783741267215

Fitus, unser Sylter Strandkobold, bekommt dieses Mal Besuch von seinen Freunden aus dem Ruhrgebiet und dem Sauerland. Mit dabei sind das Schweinchen Klecks, der Clown Florian, der Ritter Berti, der schlaue Rabe Roger, der Zauberer Milan und natürlich das Mischlingshündchen Zottel. Alle haben viele Geschichten mitgebracht und erleben auf der Insel Sylt nun ihre Ferien.

Das große Fitus-Malbuch - Fitus, der Sylter Strandkobold, mit Schweinchen Klecks und Freunden, inkl. Geschichten zum Vorlesen

ISBN-13: 9783741285875

Das große Fitus Malbuch - Hier lassen sich Fitus, der Sylter Strandkobold, und seine Freunde ausmalen. Eine ideale Ergänzung zu den Fitus-Kinderbüchern.

Fitus' Sylt-Fotobuch für Groß und Klein

59 Sylt-typischen Bildern in Brillant-Druck

ISBN-13: 9783741285929

Fitus, unser Sylter Strandkobold, möchte gern allen Kindern, Eltern, Großeltern, Freunden, ach, einfach allen Sylt-Liebhabern die Insel vorstellen. Los geht es in Westerland am Bahnhof. Danach startet Fitus von List aus, bis nach Hörnum.

"Fitus' Fotobuch für Groß und Klein" zeigt 59 Sylt-typische Bilder auf Brillant-Fotodruck.

Gilbert, der Kobold aus Paris, macht eine Weltreise - Geschichten zum Kennenlernen

 mit Zugabe "Fitus, der Sylter Strandkobold"

ISBN-13: 9783741281235

Hallo Kinder! Mein Name ist Gilbert. Ich bin Kobold in Paris und helfe allen Kindern, die in Not geraten. Kinder und Tiere können mich sehen. Ich kann übrigens zaubern, kann mich riesengroß oder klein wie eine Maus machen. Mein Kobold-Freund ist Fitus. Er lebt auf der Insel Sylt. Um ihn zu besuchen reise ich einmal um die Welt und helfe gern. Euer Gilbert

Bauernhof der Tiere - was sie erleben und erzählen

ISBN-13: 9783744817363

Dieses Kinderbuch ist für Kinder ab 6 Jahren geschrieben. Besonders große Buchstaben sollen das Lesen für Erstleser erleichtern. Zu jeder Geschichte gibt es ein farbiges Bild, damit die Fantasie der Kinder angeregt wird. Die Geschichten sind zum Vorlesen und Selbstlesen, auch vor dem Einschlafen. Aber auch für die Urlaubsfahrt oder im Wartezimmer, damit keine Langeweile aufkommt.

Fitus, der Sylter Strandkobold - Heute stellt er uns das Tor zum Münsterland vor: Lünen

Das Lüner Kinderbuch - Mit vielen Geschichten und Bildern aus Lünen

ISBN-13: 9783744874885

Dieses Kinderbuch ist für Kinder ab 7 Jahren gedacht, zum Selbstlesen und zum Vorlesen, aber auch für alle Lünen-Interessierten. Es soll auch ein Begleiter sein. Ob in Lünen geboren oder beheimatet oder zugezogen, so sah Lünen im Jahr 2017 aus. Viele Persönlichkeiten konnten oder können mit Lünen in Verbindung gebracht werden (Timo Konietzka, Max Raabe, Wolfram Wuttke, Günter Boas, der mit Luis Armstrong spielte, und viele mehr). Die erste private Satellitenempfangsanlage (kompletter Eigenbau) stammt aus Lünen von FERNSEH SÜLTZ. Und in Lünen lebt auch noch die Compact Cassette (SÜLTZ BÜCHER).

Das superdicke und lustige Koboldgeschichtenbuch für Kinder - präsentiert von Lilly Mops

Für Kinder, die ganz viel lesen wollen! Aber auch zum Vorlesen!

ISBN-13: 9783735718068

Hallo, liebe Leserinnen und Leser! Liebe Kinder! Mein Name ist Lilly Mops! Heute möchte ich Euch die beiden Kobolde Fitus und Gilbert vorstellen. Die Geschichten sind zum Selbstlesen, aber auch zum Vorlesen gedacht... extra in größerer Schrift! Es grüßt Euch, Eure Lilly Mops!

Western

Notizbuch für Western-Freunde

ISBN-13: 9783738627633

Ein Notizbuch für Western-Freunde. Ein Traum für viele... einige leben ihn... der Wilde Westen lebt immer...

Hoka Hey - 36 Geschichten aus den Jahren 1886 bis 2286

ISBN-13: 9783744823029

Die 36 Geschichten spielen in Amerika in den Jahren 1886 bis 2286. Aus den unterschiedlichsten Genres (Krimi, Liebe, Science-Fiction und Horror) sind die Kurzgeschichten in diesem Buch, die langes Warten im Wartezimmer, Langeweile am Strand oder im Zug oder wo und wann auch immer, überbrücken soll.

WESTERN - Sheriff Lee McAlister in DAS DUELL - US Marshal John W. Cobb in MIT DEN WAFFEN DER ZUKUNFT - Die Rache des Texas Rangers, sowie Der Tod lauert in Texas

ISBN-13: 9783748146704

1881 - im WILDEN WESTEN und in GOOD OLD GERMANY - R.G.Wardenga by SUELTZ BUECHER

ISBN-13: 9783748131205

Vier Western erwarten Sie. Manchmal mit etwas Science Fiction angehaucht. In DAS DUELL kämpft Sheriff Lee McAlister für Recht und Ordnung. Um Wasserversorgung und Rindersterben geht es in DER TOD LAUERT IN TEXAS. Weiterhin muss Marshal John W. Cobb gleich zwei Städte retten, in MIT DEN WAFFEN DER ZUKUNFT. Die letzte Geschichte ist DIE RACHE DES TEXAS RANGERS. Alles spielt um 1880. Was spielte sich um 1880 in Deutschland ab? KONSTANZES VERMÄCHTNIS zeigt es als Zugabe. Außerdem: 35 weitere Geschichten spielen in Amerika in den Jahren 1886 bis 2286.

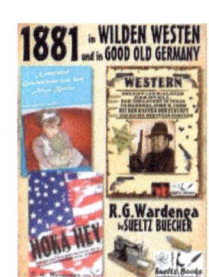

HORROR

Der Sichel-Mörder

ISBN-13: 9783749486908

Eine Sichel, die mit Hilfe ihrer Benutzer stark verstümmelte Leichen hinterlässt. Was das militärische Sperrgebiet AREA 51 oder das FBI damit zutun haben, lesen Sie hier.

THE SICKLE KILLER ... and other horror short stories - SUELTZ BOOKS

Der Sichelmörder und weitere Horror-Kurzgeschichten - In German on the left and in English on the right.

ISBN-13: 9783749483587

Nicht 13, sondern 17 Horror-Kurzgeschichten erwarten Sie in diesem Buch. Es ist in etwas größerer Schrift geschrieben, falls die Lesebrille nicht zur Hand ist. Die Idee dieser Buchreihe ist es, die deutsche Fassung auf der linken Seite und die englische Übersetzung auf der rechten Seite zu drucken.

Not 13, but 17 horror short stories await you in this book. It is written in slightly larger font if the reading glasses are not at hand. The idea of this book series is to print the German version on the left side and the English translation on the right side.

Horror & Co.

Spannende Kurzgeschichten für unterwegs   ISBN-13: 9783839148594

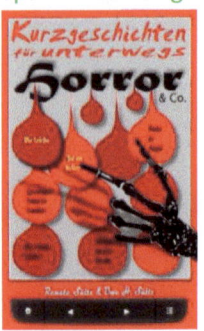

Das Buch "Horror & Co." beinhaltet alle Horror-Kurzgeschichten aus dem Gesamtbuch "Science Fiction, Horror& Co.". Die Buchreihe "Science Fiction & Co.", "Horror & Co.", Schicksal & Co." und "Krimi & Co." lässt sich leichter verstauen, als das Gesamtwerk. So lassen sich ein, zwei Geschichten im Wartezimmer, in der Bahn oder wo auch immer, lesen.

Science Fiction

MISSION X - In search of what was before the big bang (Urknall)! SUELTZ BOOKS

11 more science fiction short stories! In German on the left and in English on the right.

ISBN-13: 9783749480937

Mission X was created after the coma and near-death experience of journalist and author Uwe H. Sueltz. Without the quick action of his partner Renate Sueltz he would have died. More science fiction short stories have been slumbering in the minds of the author team for decades.

MISSION X - Auf der Suche was vor dem Urknall war!

Plus 11 weitere Science Fiction Kurzgeschichten!

ISBN-13: 9783739224596

Es erwarten Sie 12 Science Fiction Kurzgeschichten. Natürlich handelt es sich bei Science Fiction um Raumschiffe und Außerirdische. Die Frage ist aber auch, was ist das Weiße im Schwarzen Loch? Außerdem sind Nano-Lebewesen auf der Erde! Und wie fühlt es sich im Nichts an? ... ...

Es geht aber auch um den Big Bang, also dem Urknall. Die Geschichte MISSION X entstand bei Autor Uwe H. Sültz erst nach einem Nahtoderlebnis während eines Komas. Nach dem Erwachen war alles anders!

Sültz' Sparbuch Nr.2 - Weltraum-Polizei - Star Marshal - Police in the Universe - Gefahr aus dem Omnium - Texitron-Strahlen bedrohen die Erde

ISBN-13: 9783752858839

Teil 1: Die Hüter des Gesetzes im Universum, die Star Marshals, sorgen im 25. Jahrhundert für Recht und Ordnung. Vom Mars Hauptquartier, dem STAR MARSHAL OFFICE, aus, werden sie mit ihren Polizei-Raumschiffen eingesetzt. Was passieren kann, wenn jemand einem Schwarzen Loch zu nahe kommt, was das Omnium ist, wenn man einen Zeit-Sprung in den Wilden Westen erlebt, wie man einen Revolver aus 1880 zu einer High-Tech-Waffe umbaut und was es mit dem hochexplosiven Krysilium auf sich hat, das alles erfahren Sie in diesem Science-Fiction-Western.

Teil 2: Das Universum - Wir leben auf einem wunderbaren Planeten, der Erde. Es könnte ein herrliches Miteinander geben. Die Erde befindet sich in unserem Sonnensystem. Das Sonnensystem ist Teil unserer Galaxis, auch Milchstraße genannt. Es gibt unzählige Galaxien. Alles zusammen ist unser Universum. Wie viele Universen könnte es geben? Oder dehnt sich unser Universum nur in einem leeren Raum aus? Gibt es weitere Universen, so könnten wir es Das Omnium nennen. Was kommt dann? Fragen über Fragen!

Teil 3: Wir schreiben das Jahr 2495. Die Insel Sylt ist lange schon gerettet. Das Weltklima ist konstant. Sand wird über unterirdische Kanäle vom Festland aus auf die Insel gepumpt. Mittlerweile ist der Hindenburgdamm vierspurig. Die Insel ist breiter geworden. Sylt hat die nördlichsten Start- und Landeplätze in Deutschland für Raumschiffe. Am Strand von Westerland sieht man die Hüter des Gesetzes, die Star-Marshals, beim Sonnen. Das war vor ein paar Wochen noch nicht so ...

Gedichte

[Meine Gedichte](#)

40 Gedichte aus verschiedenen Genres, reichhaltig bebildert mit lieben Dingen und Sylt-Eindrücken

ISBN-13: 9783739215822

Renate Sültz schreibt seit vielen Jahren Gedichte und Geschichten. Nun ist es an der Zeit, dass ein Gedichte-Buch veröffentlicht wird. Gedichte allein sollten es aber nicht sein. Mit Eindrücken von Sylt und lieben Dingen sollte dieses Buch verfeinert werden. Uwe H. Sültz hat eigene Bilder vom Autoren-Team Sültz auf Sylt hinzugefügt.

[Gedichte für Dich](#)

Gedichte über Liebe, Freundschaft, Tiere, Weisheit, Universum... reichhaltig bebildert.

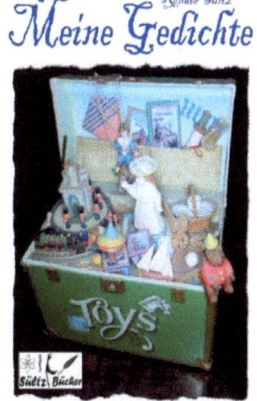

ISBN-13: 9783839142660

Eine kleine Sammlung von Gedichten über Liebe, Freundschaft, Möpse, Weltall, Weisheit...Das Gedichte-Buch ist reichhaltig bebildert mit Bildern von Sylt, Möpsen und dieses und jenes...

In Farbe und in S/W erhältlich.

[Meine Gedichte](#)

ISBN-13: 9783743159525

Gedichte über Lilly Mops, die Insel Sylt, die Liebe, den Winter und Weihnachten. Ein Büchlein zum Nachdenken und Schmunzeln.

[Gedichte](#)

100 Gedichte mit vielen Bildern in Fotobrillant-Druck auf 200g-Hochglanzpapier

ISBN-13: 9783748190431

100 Gedichte sorgen für Abwechslung und sind aus allen Bereichen. Ob Liebe, Gefühle, Weihnachten, Ostern, Karneval, auch Weisheit und der liebe Gott, sind dabei... sogar der Popel! Aus vielen Genres sind die Bilder, die auf 200g-Glanzpapier in Fotobrillant-Druck gezeigt werden.

KALENDER

Geburtstagskalender für Sylt-Freunde

ISBN-13: 9783739241173

Ob der Hochzeitstag, Geburtstage oder andere wichtige Ereignisse, in diesen Kalender lassen sich diese Daten eintragen. Die herrlichen Sylt-Bilder erinnern schon an den nächsten Urlaub.

 Sylt - Kalender 2017

ISBN-13: 9783741237850 noch erhältlich

SYLT - Eine Insel zum Träumen. Ob Frühling, Sommer, Herbst oder Winter... Sylt ist immer eine Reise wert. Der Kalender für 2017 zeigt Bilder mit einem hohen Wiedererkennungswert der Insel.

Kochkalender 2017 - Großmutters Gerichte mit Herz und Geschmack leicht nachgekocht.

ISBN-13: 9783741298226 noch erhältlich

Kochkalender 2017 - Großmutters Gerichte mit Herz und Geschmack, leicht nachgekocht.

25 typische Gerichte, die Großmutter überlieferte.

Kalender 2063 -100 Jahre Compact Cassetten

Fotokalender für 2063 in Brillant-Druck mit zum Teil seltenen Cassetten + Infos auf 60 Seiten.

ISBN-13: 9783741297519

Im Jahr 2063 werden die Compact Cassetten und die Compact Cassetten Recorder 100 Jahre alt. Dieser Kalender soll zu jeder Zeit daran erinnern, dass dieses Kulturgut nicht in Vergessenheit gerät.

Der Kalender ist reichhaltig bebildert in Fotobrillant-Druck. Auf 60 Seiten sind z.T. sehr seltene Compact Cassetten zu sehen. Außerdem eine zerlegte PHILIPS EL 1903, die erste Cassette überhaupt, sowie die Einlochkassette.

Ostern und Weihnachten

Mein Osterbuch - Geschichten zum Vorlesen und Bilder zum Ausmalen

ISBN-13: 9783833497209

Ein Osterbuch für Kinder im Vorschulalter. Die Geschichten sind zum Vorlesen, aber auch zum Selbstlesen geeignet. Viele Bilder können selbst ausgemalt werden. Ein Osterbuch zum erschwinglichen Preis.

Fitus, der Sylter Strandkobold - Meine Weihnachtsgeschichten mit vielen farbigen Bildern

ISBN-13: 9783741294709

Fitus' Weihnachtsgeschichten erzählen von den Weihnachtsmärkten auf Sylt, von Weihnachtserlebnissen und Weihnachtswünschen, die erfüllt werden. Zahlreiche farbige Bilder zeigen Sylt mit Fitus, dem Sylter Strandkobold. Jetzt NEU, sei aktiv ... mit Ausmalbildern am Ende des Buches.

Mein kleines Weihnachtsbuch - Frieden und Gesundheit auf der Erde und in allen Familien

ISBN-13: 9783743114166

Wie schön wäre es doch, wenn wir alle Frieden auf dieser wunderschönen Erde hätten. Frieden zwischen allen Ländern, Frieden zwischen allen Menschen und Frieden in den Familien. Dicht gefolgt von der Gesundheit. Wir können es uns nur wünschen ...

Weihnachtsgeschichten zum Heiligabend mit farbigen Krippenbildern und Weihnachtsgedichten

ISBN-13: 9783744899215

Erinnerungen an Heiligabend und Weihnachten. Aus der Zeit, als es noch keinen Fernseher gab, bis zur Zeit von Smartphone und Co. Und wie die Geschenke unter den Weihnachtsbaum kommen? Das lesen Sie hier im Büchlein. Zum Vorlesen ist für Ihre Kinder noch eine Weihnachtsgeschichte dabei.

Weihnachten im Erzgebirge - Gedichte mit Engeln - Gold Edition

ISBN-13: 9783748193364

Gedichte rund um die Weihnachtszeit mit vielen musizierenden und seltenen Engeln aus dem Erzgebirge.

Mein Ostermalbuch

ISBN-13: 9783746097879

Ein Osterbuch für Kinder im Vorschulalter. Zwei Geschichten sind zum Vorlesen, aber auch zum Selbstlesen geeignet. Alle Bilder sind zum Ausmalen.

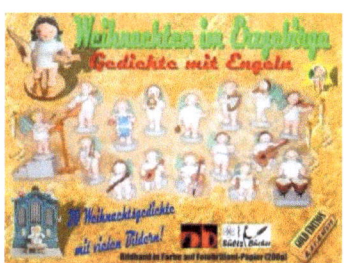

Kriminalromane Nord – Ost – Süd –West

Sonderdezernat Hörnum 1

Spannende Kriminalfälle von List bis Hörnum!

ISBN-13: 9783744899697 und ISBN-13: 9783837020564

Sie erleben die Gründung des SONDERDEZERNAT H1. Was hat es mit der UFO-Sichtung auf sich? In den 1960er Jahren fuhren Polizeibeamte auch noch mit der Sylter-Inselbahn. 13 spannende Geschichten beinhaltet das Buch SONDERDEZERNAT H1, unter der Mitwirkung von Kommissar Hans Schemberg, sowie Gastautor KOLI aus Tinnum. Zeitlich reichen die Geschichten von 1964 bis in die Gegenwart und darüber hinaus.

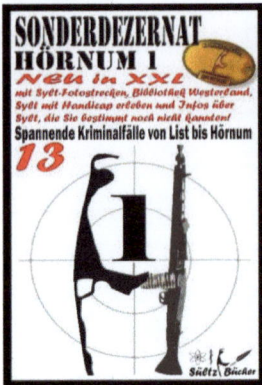

Spannende Kriminalromane rund um den Edersee

ISBN-13: 9783749495870

In diesem Buch, "Spannende Kriminalgeschichten rund um den Edersee", werden 17 Kriminalromane als Kurzgeschichten vorgestellt. Diese Kriminalfälle spielen in Herzhausen, Harbshausen, Kirchlotheim, Völh, Scheid, Rehbach, Waldeck, sowie in weiteren Orten. Mitgewirkt hat Kommissar Hans Schemberg.

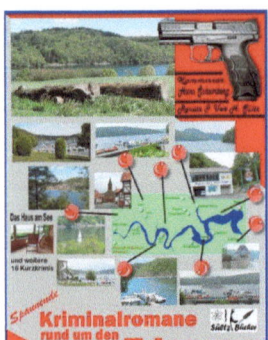

Spannende Kriminalromane rund um das Berchtesgadener Land

ISBN-13: 9783749497683

Spannende Kurzgeschichten gibt es aus dem Berchtesgadener Land. 17 Kriminalromane

Tatort NRW - Werne, Bergkamen/Rünthe und Lünen - Sonderdezernat WBL 2020

ISBN-13: 9783752813005

Das Sonderdezernat WBL 2020 wurde vor vielen Jahren gegründet. Ziel ist es, bis zum Jahr 2020 alle noch offenen Fälle zu lösen. Es schlossen sich Kriminalkommissarinnen und Kriminalkommissare aus Werne, Bergkamen/Rünthe und Lünen zusammen.

PARANORMALE PHÄNOMENE

Paranormale Phänomene

Geschichten, die es nicht geben kann, oder?

ISBN-13: 9783837077483 und ISBN-13: 9783746091624

 Ist Ihnen Folgendes auch schon einmal in ähnlicher Form passiert: Sie wachen in der Nacht auf und sehen im Flur ein helles Licht in Form eines DNA-Stranges? Etwa 60 cm lang, es leuchtet, aber es erleuchtet nichts. Sie beugen sich auf, um es besser zu sehen, da schließt sich die Schlafzimmertür mit einem quietschenden Geräusch. Nicht nur Sie sehen es, auch Ihr Partner. Der Hund läuft wild im Zimmer umher und versteckt sich unter der Decke ...

Es sind Geschichten, die es nicht geben kann, oder? Aber genau so wurden diese Ereignisse an uns herangetragen. Auf 10 Leerseiten können Sie Ihre eigenen Erlebnisse eintragen... es passiert immer zwischen Mitternacht und 3 Uhr.

Logbuch für Tonbandstimmen - ITK Interdimensionale Kommunikation - Transkommunikation

Inkl. Anleitung und Tipps

ISBN-13: 9783752892550

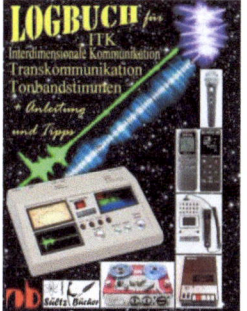

Der schwedische Opernsänger Friedrich Jürgenson nahm 1959 mit einem Tonbandgerät Vogelgezwitscher auf. Beim Abhören des Bandes hörte er jedoch unbekannte Stimmen auf dem Band. Diese Stimmen sprachen ihn mit seinem Namen an. Immer wieder nahm Jürgenson diese Stimmen auf. Er war sich sicher, dass es eine Kontaktaufnahme zu Verstorbenen sein musste. Er ließ seine Einspielungen von Wissenschaftlern und Fachleuten des schwedischen Rundfunks analysieren, aber diese fanden aber keine Hinweise auf eine Manipulation der Aufnahmen.

In dieses Protokollbuch werden alle relevanten Dinge eingetragen, die für Tonbandstimmen wichtig sind. Als Aufnahmemedium funktionieren auch Computer, digitale und analoge Diktiergeräte, alle Arten von digitalen und analogen Aufnahmemedien und natürlich auch das gute alte Tonband, sowie erst recht der Compact Cassetten Recorder.   100 Seiten mit Protokollseiten, Anleitungen und Tipps!

UFO-Logbuch - Meine UFO-Sichtungen

ISBN-13: 9783752891935

UFO ist eine Abkürzung für unidentifiziertes/unbekanntes Flugobjekt (engl. unidentified flying object). Sie bezeichnet fliegende Phänomene, die von Beobachtern nicht eindeutig identifiziert werden können.

Vorschule und Schule

Mein erstes Zahlen-Buch - Zahlen malen, ausmalen, vervollständigen und schreiben

ISBN-13: 9783748188834

Mit diesem Buch können Vorschulkinder oder Erstklässler (Schulanfänger oder Abc-Schützen) Zahlen lernen. Die Kinder sehen die Zahlen und können sie ausmalen und schreiben. Sie lernen das Zählen.

Zahlen malen mit dem Kobold Fitus - zum Ausmalen, Ausschneiden und zum Zählen lernen

ISBN-13: 9783752850932

Mit diesem Buch können Vorschulkinder oder Erstklässler (Schulanfänger oder Abc-Schützen) Zahlen lernen. Die Kinder sehen die Zahlen und können sie ausmalen. Sie lernen das Zählen. Zum Abschluss werden die, von Mama oder Papa, ausgeschnittenen Zahlen in das dafür vorgesehene Feld gelegt. Auch das Buch "Mein erstes ABC" ist erhältlich ... für Rechtshänder und Linkshänder.

Zahlen malen, ausmalen und schreiben - Begleit- und Übungsbuch - Separat zu verwenden oder als Begleitbuch zum Buch "Zahlen malen mit dem Kobold Fitus - zum Ausmalen, Ausschneiden und zum Zählen lernen"

ISBN-13: 9783752859942

Mein erstes ABC - Das Alphabet zum Ausmalen, Ausschneiden, Vervollständigen und Selbstschreiben

ISBN-13: 9783752832167

Mit diesem Buch können Vorschulkinder oder Erstklässler (Schulanfänger oder Abc-Schützen) das ABC erlernen. Die Kinder sehen die Buchstaben und können sie ausmalen. Der nächste Schritt ist die Vervollständigung des Buchstabens, danach das Selbstschreiben. Zum Abschluss werden die, von Mama oder Papa, ausgeschnittenen Buchstabenkarten in das dafür vorgesehene Feld gelegt.

Kochbücher

Anfänger-Kochbuch - Schritt für Schritt mit Wort und Bild zum leckeren Essen - Beginner-Kochbuch

ISBN-13: 9783749436309

Dieses Beginner-Kochbuch ist für Anfänger gedacht, die ins Kochen einsteigen möchten, aber den Start noch nicht so richtig gewagt haben. Wie mache ich das denn? Wie und womit beginne ich? Was benötige ich? Schritt für Schritt mit Wort und Bild gibt es in diesem Ringbuch Antworten! Das Ringbuch bleibt beim Nachkochen immer geöffnet liegen, ohne dass es zuklappt. Gedruckt ist das Kochbuch auf 200g-Fotopapier!

Sültz auf Sylt - Fischsalate & Partysalate

... aus der Gold-Edition-Reihe!

ISBN-13: 9783748151388

SÜLTZ AUF SYLT - 6 Fischsalate- und 3 Partysalate-Rezepte werden eingebettet mit Sylt-Bildern. Gedruckt auf 200g-Fotobrillant-Papier als Ringbuch.

Herzhaftes aus der Heimat - inkl. Sylt-Fotobuch

ISBN-13: 9783741283970

In diesem dritten Teil dreht sich alles um "Herzhaftes aus der Heimat". Verfeinert wird das kleine Kochbuch mit herrlichen Sylt-Bildern in Fotodruck. Viel Freude und "Guten Appetit" wünscht Renate Sültz

Sültz & Suppen - Renate Sültz stellt ihre deftigsten Suppen und schmackhaftesten Fischsuppen vor - inkl. Sylt-Bildband

ISBN-13: 9783741253737

Fisch dominiert natürlich auf der Insel Sylt. Und wer einmal richtig Appetit auf eine deftige Suppe nach Mutters Art möchte,

der ist mit diesem Buch gut bedient. Natürlich dürfen 2 schmackhafte Fischsuppen nicht fehlen. Verfeinert wird das kleine Kochbuch mit herrlichen Sylt-Bildern in Fotodruck. Viel Freude und "Guten Appetit" wünscht Renate Sültz

Gesundheit

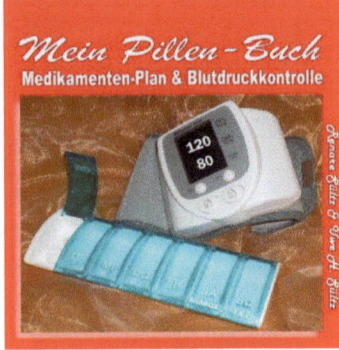

Mein Blutdruck-Tagebuch

ISBN-13: 9783839129807

Bei 3 Messungen pro Tag, reicht das Blutdruck-Tagebuch für über ein Jahr. (1148 Messungen)

Pillen-Buch, Tabletten-Tagebuch, Medikamentenplan - inkl. Blutdruckkontrolle

ISBN-13: 9783839191828

Wann muss ich welche Pille nehmen? Wie ist mein Blutdruck? Wie lautet die Telefonnummer meines Arztes? Das alles haben Sie in diesem Notizbuch auf einen Blick!

Raucher - Kostenbuch - Tagebuch - Notizbuch - Rauchen: Wie viel Asche kostet mich das?

ISBN-13: 9783842324800

Schmerztagebuch – Schmerzprotokoll

ISBN-13: 9783741290312

Blutdruck-Tagebuch XXL

ISBN-13: 9783746082790

Diabetes Tagebuch - Blutzuckerspiegel Tagebuch XXL

ISBN-13: 9783746064604

Diabetes-Tagebuch - Blutzuckerspiegel-Tagebuch XXL

ISBN-13: 9783746093789

Ernährungstagebuch - Ernährungsplaner - Ess-Tagebuch XXL

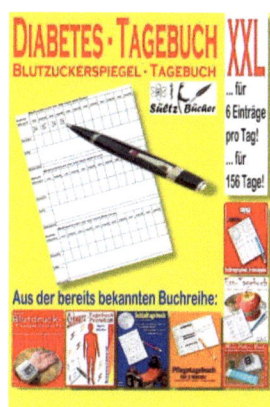

ISBN-13: 9783746093819

Um Ihre Ernährungssituation beurteilen zu können, kann es für Sie und Ihren behandelnden Arzt hilfreich sein, ein Ernährungstagebuch zu führen. Notieren Sie in diesem Ernährungstagebuch, was Sie essen und trinken. Notieren Sie dies, wenn möglich, direkt nachdem Sie gegessen oder getrunken haben. Abends kann man sich vielleicht nicht mehr an alles erinnern. Halten Sie auch Ihre Lieblingsspeisen fest und welche Lebensmittel Ihnen gut bekommen sind. Selbstverständlich sollten Sie auch das notieren, was Ihnen nicht bekommen ist und Sie dadurch Beschwerden hatten. Wir wünschen Ihnen eine gute Gesundheit!

Kurzzeit Pflege-Tagebuch XXL

6 Module täglich für zwei Wochen in besonders großer Schrift

ISBN-13: 9783746093796

Das Führen eines Pflegetagebuches ist keine Pflicht, aber die Vorteile liegen auf der Hand: DIE PFLEGEBEDÜRTFIGKEIT KANN BESSER ERKANNT WERDEN! Außerdem können bei der Begutachtung des MDK wichtige alltägliche Situationen vergessen werden. Dieses Pflegetagebuch ist in extra großer Schrift gedruckt. Nicht jeder hat die Möglichkeit eine Datei aus dem Internet auszudrucken. Daher haben Sie hier ein Pflegetagebuch für einen Monat vorliegen. Täglich können 6 Module, inkl. Platz für Notizen, bearbeitet werden.

Langzeit Pflege-Tagebuch XXL

6 Module täglich für einen Monat in besonders großer Schrift

ISBN-13: 9783746093802

Abnehm-Tagebuch - Diät-Tagebuch - XXL - zur Selbstkontrolle

ISBN-13: 9783746096339

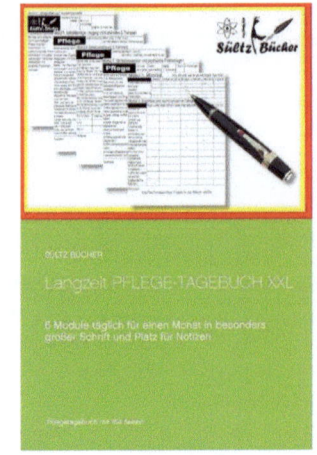

Mein Blutdruck-Pass

ISBN-13: 9783746007526

Kranken- und Untersuchungs-Dokumentation - Meine Arztbesuche auf einen Blick

ISBN-13: 9783746024776

Oft vergessen wir, wann die letzte Blutdruckmessung gewesen ist oder das letzte EKG stattgefunden hat. Wann war noch gleich der letzte Augenarztbesuch? Wie oft sollte ich noch gleich die Tabletten nehmen? Alle Informationen rund um Ihre Gesundheit können hier eingetragen werden.

Kopfschmerz-Migräne-Tagebuch/Protokollbuch XXL

ISBN-13: 9783746025063

Ziel eines Schmerztagebuchs ist es, Schmerzen zu dokumentieren. Wann habe ich Schmerzen, wo habe ich Schmerzen, wie lange und wie stark sind die Schmerzen. So ermöglichen Sie Ihrem Arzt eine Schmerzübersicht und helfen bei einer Beurteilung, um evtl. eine Schmerzbehandlung einzuleiten. Weiterhin lassen sich wichtige Informationen notieren. Welche Medikamente werden eingenommen, wer ist mein Hausarzt. Tragen Sie ruhig auch allgemeine Informationen ein, etwas über Ihren Schlaf, den Stuhlgang und Ihr Wohlbefinden. Dieses Schmerztagebuch ist extra groß, bestimmt ohne Lesebrille auszufüllen und hat Platz für alle Informationen.

Mein Gesundheitstagebuch XXL - messen - prüfen - kontrollieren - dokumentieren - täglich - Tagebuch/Kontrollbuch für Blutdruck, Herz, Blutzucker, Gewicht, Schmerzen und mehr ...

ISBN-13: 9783746075594

Gesund ist, wenn wir jeden Tag eine Tomate, einen Apfel und weitere gesunde Lebensmittel, wie etwa Fisch, zu uns nehmen. Wie wir uns fühlen, das merken wir selbst. Und wie sieht es mit den Werten aus? Ist der Blutdruck in Ordnung? Stimmen die Zuckerwerte? Wie hoch ist die Herzfrequenz? Oder denken Sie auch an Kopfschmerzen. Wo sind sie genau? Schmerzt der Rücken? Alles lässt sich in dieses Gesundheitstagebuch eintragen. Helfen Sie dem Arzt, er wird dankbar sein. So lässt sich alles über eine längere Zeit kontrollieren und dokumentieren.

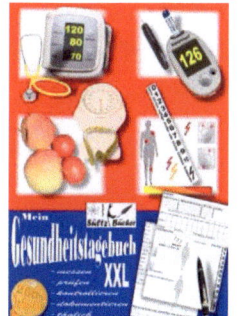

Raus aus der Depression - Mein Tagebuch

ISBN-13: 9783746089287

Manchmal steuert man langsam darauf zu, manchmal ist sie plötzlich da ... die Depression! Alles scheint bedeutungslos, alles ist grau in grau. Es gibt heute gute Therapien, man wird nicht allein gelassen ... wenn wir nur wollen! Was könnte die Depression ausgelöst haben? Notieren Sie die augenblickliche Stimmung, die Sie erleben. Ob positiv oder negativ ... schreiben Sie es auf! Bei einer Untersuchung oder Besprechung kann manches vielleicht vergessen werden. Helfen Sie dem Arzt dabei, eine gute Diagnose zu finden. Legen Sie ihm das ausgefüllte Tagebuch vor. Wir wünschen Ihnen, dass Sie glücklich leben und jeden Tag zufrieden erleben können. Das Leben ist einzigartig!

Ganzheitliches Diabetes Tagebuch/Protokollbuch/Kontrollbuch/Lernbuch XXL messen - prüfen - kontrollieren - dokumentieren - abschätzen - zusätzlich für Einträge von Nahrung/Blutdruck

ISBN-13: 9783746077314

Menschen mit Typ-2-Diabetes können entscheidend dazu beitragen, um Blutzuckerspitzen nach dem Essen zu vermeiden. So können sich langfristig die Werte positiv verändern. Wer sich gesund ernährt und dazu bewegt, bei dem kann sich die Insulinresistenz wieder bessern.

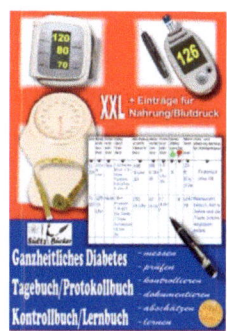

Beschwerde-Tagebuch/Protokollbuch - Dokumentieren Sie Ihre Schmerzen

ISBN-13: 9783746099545

Ziel ist es, Schmerzen zu dokumentieren. Wann habe ich Schmerzen, wo habe ich Schmerzen, wie lange und wie stark sind die Schmerzen? So ermöglichen Sie Ihrem Arzt eine Schmerzübersicht und helfen bei einer Beurteilung, um evtl. eine Schmerzbehandlung einzuleiten.

Hypoglykämie Tagebuch/Protokollbuch XXL Protokoll für Unterzuckerung bei Diabetes

ISBN-13: 9783752812596

In ein Unterzuckerungstagebuch werden bereits aufgetretene Unterzuckerungen dokumentiert. Es kann helfen, Unterzuckerungen künftig besser wahrzunehmen und einschätzen zu können. Somit können schwere Fälle gezielt verhindert werden. Also, protokollieren Sie bitte alles nach jeder Unterzuckerung in dieses Tagebuch/Protokollbuch. Für Sie und Ihren behandelnden Arzt sind die Umstände, Daten und Einträge wichtig, um zukünftig schneller reagieren zu können!

Mein Reha- und Kurtagebuch - Tagebuch für 30 Tage

ISBN-13: 9783752832396

Wer eine Reha (Rehabilitation) oder eine Kur erhalten hat, hat große gesundheitliche Probleme. Es kann ein Wendepunkt im Leben bedeuten. Die vielen Gedanken, Gefühle und Erkenntnisse in dieser Zeit können in dieses Tagebuch notiert werden.

Pflegetagebuch XXL (6 Wochen) für Menschen mit Demenz - inkl. Erinnerungstherapie-Protokoll

ISBN-13: 9783752835014

Menschen, die ihren Alltag nicht mehr alleine bewältigen können, sowie dauerhaft auf Hilfe angewiesen sind, haben Anspruch auf einen Pflegegrad. Der Begriff der Pflegebedürftigkeit wurde nun, seit 2017, von körperlichen Einschränkungen auf geistige und seelische Beeinträchtigungen erweitert.

Unruhige Beine - das Restless Legs Syndrom – Tagebuch

ISBN-13: 9783752841541

Das Restless Legs Syndrom (RLS, unruhige Beine, Wittmaack-Ekbom-Syndrom) macht sich durch eine quälende Unruhe, Schmerzen, Kribbeln oder Ziehen in den Beinen bemerkbar. Seltener sind auch die Arme betroffen. Die unangenehmen Empfindungen treten fast ausschließlich in Ruhe, insbesondere abends, sowie in der Nacht auf, und rauben oft den Schlaf. In schweren Fällen sind die Betroffenen tagsüber so müde, dass sie sich kaum noch konzentrieren können. Das beeinträchtigt ihr Alltagsleben stark.

Blutzucker Tagebuch Protokollbuch Kontrollbuch messen kontrollieren dokumentieren für Patienten mit Diabetes - zusätzlich für Einträge von Blutdruck

ISBN-13: 9783749480258

Menschen mit Typ-2-Diabetes können entscheidend dazu beitragen, um Blutzuckerspitzen nach dem Essen zu vermeiden. So können sich langfristig die Werte positiv verändern. Wer sich gesund ernährt und dazu bewegt, bei dem kann sich die Insulinresistenz wieder bessern. Dazu ist noch zu sagen, dass Menschen mit Diabetes oft auch an Bluthochdruck leiden. Betroffen sind dabei hauptsächlich Typ-2 Diabetiker. Es drohen Herzinfarkt und Schlaganfall. Übergewicht und Bewegungsmangel lassen den Zuckergehalt, sowie den Druck in den Gefäßen steigen. Auch diese Messung tragen Sie in dieses Tagebuch ein. Legen Sie bitte dieses Tagebuch auch Ihrem Arzt vor!

DIABETES - WAS NUN? - Informationen und Grundlagen, inkl. Tagebuch

ISBN-13: 9783734780080

Im ersten Teil werden Fragen über Diabetes gestellt. Außerdem wie der Diabetes zum Autor kam. Der zweite Teil beschäftigt sich mit Grundlagen und Tipps über Diabetes. Im dritten Teil ist ein selbst auszufüllendes Diabetes-Tagebuch zu finden.

Pflegetagebuch extra groß für alle pflegebedürftigen Menschen - auch mit Demenz Inkl. Erinnerungstherapie-Protokoll

ISBN-13: 9783748179030

Menschen, die ihren Alltag nicht mehr alleine bewältigen können, sowie dauerhaft auf Hilfe angewiesen sind, haben Anspruch auf einen Pflegegrad. Der Begriff der Pflegebedürftigkeit wurde nun, seit 2017, von körperlichen Einschränkungen auf geistige- und seelische Beeinträchtigungen erweitert.

Automobil

FAHRTENBUCH für alle Fahrzeuge - für Benzin- und Diesel-, sowie Plug-in-Hybrid- und Elektro-Fahrzeuge

ISBN-13: 9783746066707

Dieses Fahrtenbuch ist für alle Fahrzeuge. Eingetragen werden können Daten wie: Nummernschild, Fahrer, Firma, Adresse, Telefon, Mail, Steuernummer und natürlich für jede Fahrt: Datum, Abfahrt, Ankunft, Abfahrtsort, Ziel, Route, Kunde, km-Stände, geschäftlich, Privat, getankte Liter, deren Kosten und geladene kWh und deren Kosten, wer ein Elektrofahrzeug oder Plug-in-Hybrid-Fahrzeug besitzt.

Gas Station - Tankheft - Tankbuch - Fahrtenbuch für alle KFZ inkl. Kontrollen für Öl und Reifendruck

ISBN-13: 9783748181958

Neben den üblichen Dokumentationen von "gefahrenen Kilometern" bis zu "Kosten pro km" lassen sich hier noch Kontrollen von Ölstand, Luftdruck und Steinschlägen/Dellen eintragen. (Datum/km/km-Stand/getankte Liter/Preis pro Liter/Liter pro km/Kosten pro km/Tankkosten/Benzin oder Diesel/Tankstelle/Additiv Zugabe/Reifendruck/Ölkontrolle/Steinschläge/Dellen)

Fahrtenbuch Tankheft Tankbuch für alle KFZ inkl. Kontrollen für Öl und Reifendruck

ISBN-13: 9783748182009

Notizbuch für Ferrari-Fahrer

ISBN-13: 9783744801553

Ein kleines Notizbuch für FERRARI-Fahrer. Auch für weitere Automarken erhältlich!

Hier lassen sich alle wichtigen Dinge eintragen, die für den Fahrer von Bedeutung sind. Die letzte Tankfüllung beim Oldtimer. Wann mache ich den Oldtimer winterfest? Wo ist das nächste Club-Treffen? Wie hoch war der Verbrauch? Wie waren noch die Telefonnummern meiner FERRARI-Freunde? Für diese und ähnliche Fragen haben Sie hier auf über 80 Seiten Platz für Antworten. Wir wünschen allzeit eine unfallfreie Fahrt! Kommen Sie heil und gesund an Ihr Ziel und wieder nach Hause!

KFZ Service Checkliste - Wartung - Service - Kontrolle - Protokoll – Notizen - inkl. Schnellcheckliste

ISBN-13: 9783744874137

Wer sein Auto liebt, der schiebt!"... NEIN! Soweit soll es nicht gehen. Aber in der Tat hängt der Kraftstoffverbrauch, der Verschleiß von Motor, Bremsen, Kupplung, Reifen und Getriebe stark von der Fahrweise und den Betriebsbedingungen ab. Ebenso sind Wartung, Inspektion und regelmäßige Kontrollen wichtig.

Oldtimer Service Checkliste XXL - Wartung - Pflege - Kontrolle - Protokoll - Notizen

... für Oldtimer, Youngtimer und neuere KFZ

ISBN-13: 9783744874083

Der Herbst rückt näher und es kommt langsam der Abschied vom Young- oder Oldtimer. Auch wenn unser Liebling nicht bei Salz und Schnee gefahren wurde, benötigt er nun eine gute Vorsorge um überwintern zu können, ohne dass die Lebensuhr schneller abläuft.

KFZ-Service Checkliste Protokollbuch - Pflege - Kontrolle – Wartung

ISBN-13: 9783752813104

Wer sein Auto liebt, der schiebt!"... NEIN! Soweit soll es nicht gehen. Aber in der Tat hängt der Kraftstoffverbrauch, der Verschleiß von Motor, Bremsen, Kupplung, Reifen und Getriebe stark von der Fahrweise und den Betriebsbedingungen ab. Ebenso sind Wartung, Inspektion und regelmäßige Kontrollen wichtig.

AUTOMOBIL SERVICE CHECKLISTE - Wartung - Service - Kontrolle - Protokoll – Notizen

ISBN-13: 9783752854244

Sicherheit ist das Wichtigste beim Autofahren! Wir haben Verantwortung zu tragen. Darum müssen wir fit sein, aber auch das Fahrzeug. Wie hoch ist eigentlich der Reifendruck? Meist steht der richtige

Wert im Tankdeckel. Etwas mehr darf es sein, ohne Probleme zu bekommen. Das sind so etwa 0,2 oder 0,3 bar. So sehen es die Experten. Ein zu geringer Luftdruck ist dagegen hochgradig gefährlich. Übrigens muss auch der Reservereifen kontrolliert werden, wenn es ihn gibt.

KFZ Serviceheft Scheckheft Inspektionsheft Wartungsheft - Car inspection booklet

Universal als Ersatz

ISBN-13: 9783748169055

Ein Serviceheft erhöht den Wiederverkaufswert eines KFZ. Ist es verloren gegangen oder vollständig ausgefüllt, ist dieses Scheckheft ein Ersatz. Das Wort Scheckheft ist aus früheren Zeiten. Die Werkstatt trennte nach erfolgter Arbeit einen "Scheck" aus dem Heft und löste ihn beim Automobil-Hersteller ein.

Die Compact Cassette

Compact Cassetten Recorder Philips EL 3300 - Danke, Lou Ottens, Johannes Jozeph Martinus Schoenmakers und Peter van der Sluis für diese geniale Erfindung!

ISBN-13: 9783741226663

Compact Cassetten Meilensteine - ein Bildband mit einer Auswahl von A bis Z und von 1963 bis heute

 ISBN-13: 9783741297526

Compact Cassetten Recorder Report - Neuaufbau eines Philips EL 3302 - Service Hilfen - Einlochkassette und weitere Themen

ISBN-13: 9783741298257

Compact Cassetten Report - Philips Einloch-Kassette vs. Philips Compact-Cassette

... and the winner is...

ISBN-13: 9783743189904

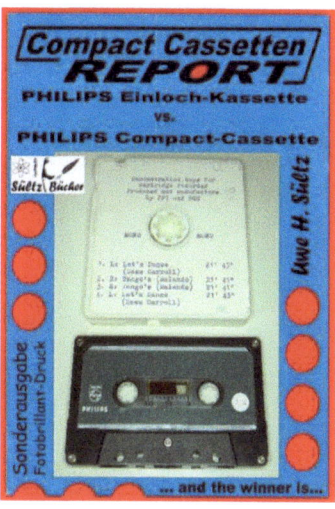

Cassetten-Tonbandgerät ELAC CD 600 - Nakamichi 500 – Bedienungsanleitung

ISBN-13: 9783748109983

ELAC Compact Cassetten Recorder mit den NAKAMICHI-Chassis

ISBN-13: 9783748130499

45 Jahre ELAC CD 400 Compact Cassetten Recorder mit den NAKAMICHI Chassis

ISBN-13: 9783748183235

Alles begann mit dem weltersten PHILIPS Compact Cassetten Recorder 1963. Die Technologie und die Maße stellte PHILIPS 1965 allen Herstellern auf der Welt zur Verfügung!

Danach entwickelte NAKAMICHI Laufwerke und komplette Chassis für andere Musikgeräte-Hersteller (Advent, Sonab, Thorn, Goodmans, Sansui, The Fisher, Concord, Leak, Yamaha, Ferguson, Harman Kardon, Sylvania, BASF, Kellar, Bell & Howell, Rank Wharfedale, SABA, Electro Home, KLH, sowie ELAC und weitere). Offiziell durchbrach der Cassetten Recorder ADVENT 200 mit DOLBY 1971 die HiFi Schallmauer mit dem NAKAMICHI-Chassis. Aber das schaffen bereits vor 1970 Geräte von u.a. Harman Kardon und The Fisher ohne DOLBY, ebenfalls mit dem NAKAMICHI-Chassis. In Deutschland vertrieb ELAC die ersten NAKAMICHI Recorder mit dem CD 400, danach der CD 500. Dies war 1973.

Einstell-Mess-Kalibrierungs- u. Test-Compact Cassetten 1965 -1995 Bildband inkl. Gauge - Einstelllehren

Für Bandlauf, Drehmoment, Geschwindigkeit, Bandzug, Frequenzgang, Eintauchtiefe, Dolbypegel

ISBN-13: 9783748174929

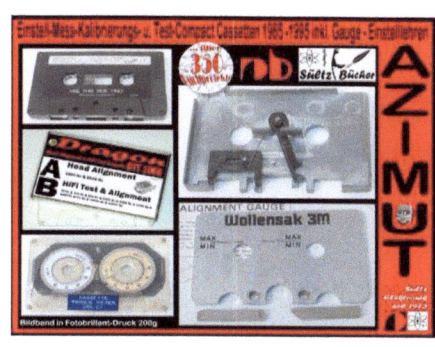

Das wunderbare Comeback der Compact Cassette - inkl. Tipps und Service am NAKAMICHI-Chassis

Bildband in Farbe auf Fotobrillant-Papier (200g)

ISBN-13: 9783749456901

Das wunderbare Comeback nach über 55 Jahren seit der Präsentation der Compact Cassette ist schon erstaunlich! Denn Bandsalat, Azimut-Fehler und weitere Probleme mit Cassetten, begleiteten uns alle über Jahrzehnte.

Tonkopfeinstellung mit der DRAGON Einstell-Compact-Cassette an NAKAMICHI-Chassis erklärt

Seit 1973 Azimut-Service Schritt für Schritt durchgeführt und hier erklärt!

ISBN-13: 9783748178415

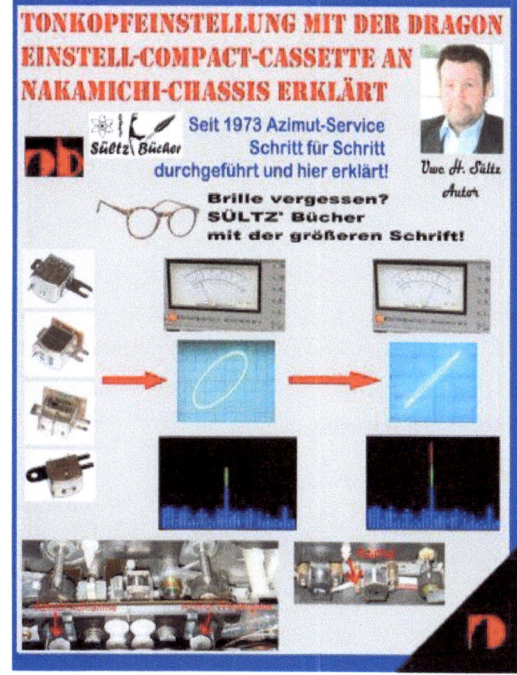

AZIMUT - AZIMUTH - bei Compact Cassetten Recordern

ISBN-13: 9783749408832

AZIMUT (engl. AZIMUTH) bezeichnet den Winkel des Kopfspaltes zum Bandlauf. Er muss 90 Grad sein, um perfekt eingetaumelt zu sein.

Fertig! Wir können das Buch beenden!

Lohnt es sich im Jahr 2020 überhaupt noch, sich mit dem Service oder der gar der Theorie von Cassetten Recordern zu befassen?

Die Antwort ist definitiv: JA!

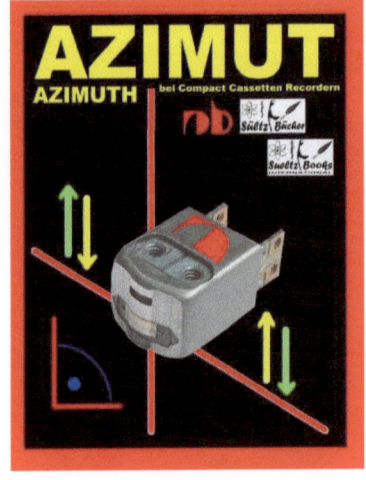

High Fidelity Vintage Teil 1: PHILIPS Cassetten Recorder EL 3300 & Co. - Erfolgreich von 1963 bis 1976

Chassis eingebaut in NORELCO - WOLLENSAK - PANASONIC - AUTOVOX - MERCURY - TELEFUNKEN und in weiteren Recordern

ISBN-13: 9783748142331

Mit der Serie "High Fidelity Vintage" wird an vergangene Technik erinnert. Ohne diese Entwicklungen des vergangenen Jahrhunderts würde es heutzutage nicht viel der heutigen Technik geben. Nun, was hat der PHILIPS Recorder EL 3300 mit HiFi zu tun? Sein Frequenzgang reichte bis 5000 Hz. HiFi bedeutete, dass 12500 Hz erreicht werden müssen. Der PHILIPS Recorder konnte nur in MONO aufnehmen und wiedergeben. ABER, es war der Start in die Welt von NAKAMICHI DRAGON und Co.

Sammel- oder Ersatz-Cover für PHILIPS COMPACT CASSETTEN 1966 bis 1970

120g Papier in Brillant-Druck

ISBN-13: 9783748190684

Die welterste Compact Cassette PHILIPS EL 1903 wurde in einer Papphülle ausgeliefert. Erst ab 1965/66 gab es Kunststoffgehäuse mit Einlege-Cover. Viele Cover wurden mit der aufgespielten Musik beschriftet. Viele Cover sind aber auch verloren gegangen. Für sammelwürdige Compact Cassetten gibt es nun Ersatz-Cover auf 120g-Papier in Brillant-Druck.

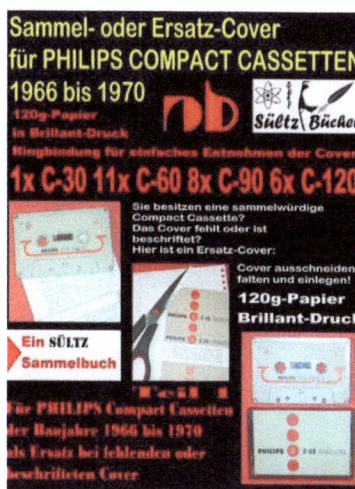

Sammel- oder Ersatz-Cover für Compact Cassetten

Brillantdruck auf 120g Fotopapier - 38 Cassetten-Cover

ISBN-13: 9783749421077

Einlegekarte als Zusatz oder Ersatz für Compact Cassetten Cover

ISBN-13: 9783749434787

Kurzgeschichten

Krimi & Co.

Spannende Kurzgeschichten für unterwegs

ISBN-13: 9783839148587

Science Fiction & Co.

Spannende Kurzgeschichten für unterwegs

ISBN-13: 9783839148518

Schicksal, Liebe, Schmunzel & Co.

Spannende Kurzgeschichten für unterwegs

ISBN-13: 9783839148648

Sültz' Sparbücher

Sültz' Sparbuch Nr.1 - SONDERDEZERNAT DEUTSCHLAND - Sonderdezernat Sylt Hörnum H1 & Tatort NRW - Werne, Bergkamen/Rünthe und Lünen - Sonderdezernat WBL 2020

ISBN-13: 9783752876932

Sültz' Sparbuch Nr.3 - Das Schwedische Kriegsschiff Wasa/Vasa als Modell mit Infos zum Museum und zur Geschichte

ISBN-13: 9783752897357

Sültz' Sparbuch Nr.6 - Weihnachten - Weihnachtsgeschichten für Eltern und Kinder zum Vorlesen

... zum Heiligabend mit farbigen Krippenbildern und Weihnachtsgedichten

ISBN-13: 9783748147428

Für Amerika

TELEPHONE PHONE BOOK ADDRESS DIRECTORY - Telefon - und Adressbuch

ISBN-13: 9783743139343

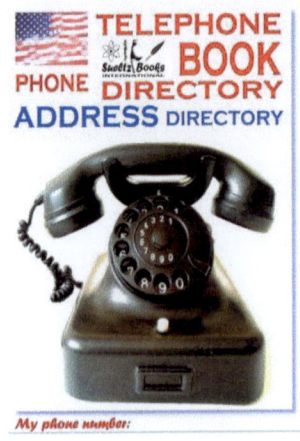

GAS STATION GOLD - Gasoline booklet - SUELTZ BOOKS International

NOTES FOR DATE, MILES, GALLONS, PRICE PER GALLON, GAS TYPE AND AIR PRESSURE

ISBN-13: 9783741297601

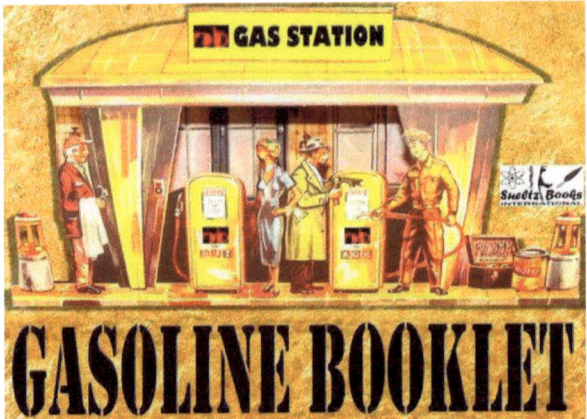

Grandma's delicious German food - Collection of typical German food

ISBN-13: 9783748120506

Hello dear readers, If you think of the Ruhr region or Münsterland, you can't get past food. I was born in Essen-City, in the middle of the Ruhrpott, and have lived in Lünen for many years now. Lünen is the gateway to Münsterland. Nothing is closer than writing about delicious, savoury and savoury dishes. Just when my grandma was my teacher. Grandma was cooking at a large restaurant in Essen-City at the time. This cookbook is divided into four parts. We start with hearty dishes from home. The second chapter is about salads (fish salads and party salads), the third part about hearty soups. The fourth chapter is about grandmother's favourite dishes, which are highly topical and easy to cook, especially in today's stressed time.

Thank you for your interest and "Good appetite" wishes Renate Sueltz.

Sicherheit

Mein Digitaler Nachlass - Digitales Erbe - Mit Erfolg Schritt für Schritt zur Absicherung!

ISBN-13: 9783748119753

Haben Sie sich schon einmal Gedanken darüber gemacht, wenn Sie das kleine Zettelchen mit den Zugangsdaten für Ihren E-Mail-Account verlegt haben? Oder Sie sind nur hin und wieder bei einer Verkaufsplattform angemeldet und haben das Passwort vergessen! Problematisch sind erst recht Bankdaten. Was passiert eigentlich zukünftig mit den Bildern, die hochgeladen wurden und/oder gespeichert sind? Der Computer ist heute eine höchst persönliche Angelegenheit geworden. Nicht jeder soll Zugang zu MEINEM Computer haben. Erst recht kein Dieb nach einem Einbruch! Nach einer Online-Bestellung muss eventuell eine Rechnung beglichen werden. Wer soll also Zugang zu meinem Rechner haben? Fragen über Fragen... es muss gehandelt werden. Wir sollten uns also frühzeitig um den Nachlass kümmern... um den DIGITALEN NACHLASS!

Passwort Manager - Logbuch - Safe - Internet & Passwort Organizer

...inkl. Austrennseiten/Nachlassseiten zum Aufbewahren für Schließfach, Testament, Anwalt...

ISBN-13: 9783748175469

Passwort-Logbuch - Passwort Liste - digitaler Nachlass/Erbe - Erinnerungsbuch - Nachschlagebuch - Notizbuch - Einlogbuch - Internet Organizer

...inkl. Austrennseiten/Nachlassseiten zum Aufbewahren für Schließfach, Testament, Anwalt...

ISBN-13: 9783748137252

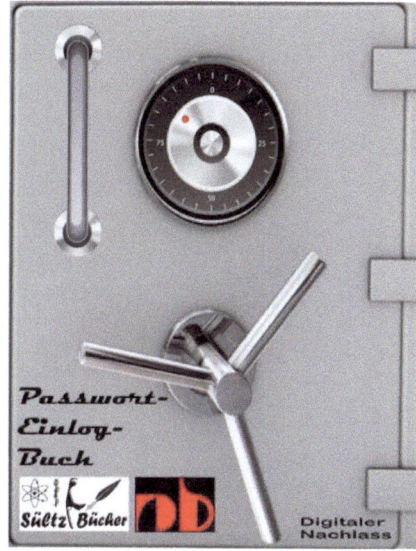

Myopie - Kurzsichtigkeit

Vorbeugung gegen Myopie - EIN KINDERBUCH - Invertierte Lesetexte gegen Kurzsichtigkeit

ISBN-13: 9783749420643

Immer öfter sitzen wir vor dem Computerbildschirm, statt in die Natur zu gehen. Die Kurzdichtigkeit nimmt weltweit stark zu. Natürlich gibt es weitere Gründe. Auch das Lesen von Büchern begünstigt die Myopie. Es gibt zwei Zelltypen, die reagieren, wenn die Mitte des Sehfeldes dunkler ist als der Randbereich... und umgekehrt. Bei einem Spaziergang in der Natur werden beide Zelltypen reagieren. Beim Lesen auf dem Bildschirm oder eines Buches wird nur ein Typ der Zellen

aktiviert. Das Augapfel-Wachstum wird gefördert, was in einer zukünftigen Kurzsichtigkeit enden kann. Weiße Schrift auf schwarzem Hintergrund kann dem Augapfel-Wachstum entgegenwirken.

Vorbeugung gegen Myopie - Invertierte Lesetexte gegen Kurzsichtigkeit - INTENSIVTRAINING

Große und kleine Schrift im Wechsel

ISBN-13: 9783749429837

Vorbeugung gegen Myopie - Invertierte Lesetexte gegen Kurzsichtigkeit

9 knisternde Krimis mit extra großer Schrift

ISBN-13: 9783749428632

Eine kleine Auswahl an Notizbüchern/Tagebüchern

Kreuzfahrt Tagebuch Logbuch - Reisetagebuch für Reiseberichte

100 Seiten für Erlebnisse, Informationen, Reiseroute und mehr...

ISBN-13: 9783734741630

Mein Tagebuch

ISBN-13: 9783748172055

Lärmprotokoll-Tagebuch bei Lärmbelästigung und Ruhestörung

ISBN-13: 9783748118015

Fußball Notizbuch 2024 für Ergebnisse, Ereignisse, Erfahrungen und Erlebnisse und Vorfreude natürlich!

ISBN-13: 9783748112327

Angeltagebuch - Fangbuch - Tagebuch/Notizbuch für Angler
ISBN-13: 9783752816297

Reise- und Urlaubs- Tagebuch

ISBN-13: 9783746026312

Notizbuch für Mops-Freunde

ISBN-13: 9783739240312

Mein Telefon- und Adressbuch

ISBN-13: 9783739243979

Notizbuch für Privatdetektive

ISBN-13: 9783739244303

Mein Tagebuch

ISBN-13: 9783837021295

Unser Baby-Tagebuch

ISBN-13: 9783837062540

Unser Hochzeitstagebuch

ISBN-13: 9783741208454

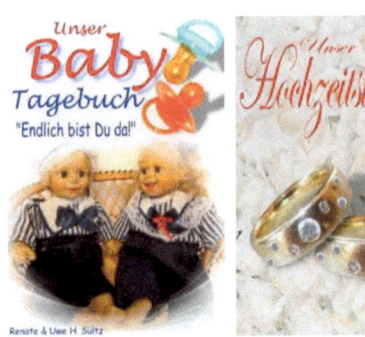 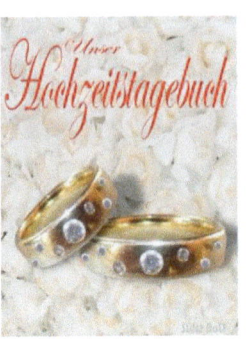 Danke!